APRENDIZ

es un grande

AVENTURA

No dudes en dejarnos tu opinion sobre esta edicion de

nuestro libro en Amazon

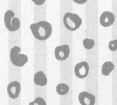

Júpiter es el quinto planeta desde el Sol y también el más grande del Sistema Solar.

La Vía Láctea, también llamada Galaxia, es una galaxia espiral barrada que incluye de 200 a 400 mil millones de estrellas y al menos 100 mil millones de planetas.

Hay suficiente espacio entre la Tierra y la Luna para que quepan todos los planetas del sistema solar.

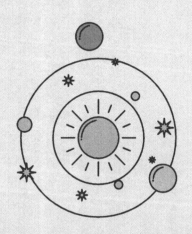

La distancia entre la tierra y la luna es de 384.400 km

LA PRIMERA COMPUTADORA SE INVENTÓ EN LA DÉCADA DE 1940.

Los astronautas en el espacio están expuestos a la misma cantidad de radiación que 150 a 6000 radiografías de tórax.

¡No solo todos tienen huellas dactilares únicas, los humanos también tienen huellas de lengua únicas!

Cuando miras un objeto, la imagen de ese objeto aparece al revés en tu retina. Sin embargo, su cerebro corrige esto automáticamente, lo que le permite percibir el objeto en el lado correcto.

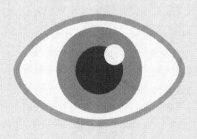

El cuerpo humano contiene 30,000 billones de glóbulos rojos.

Una gota de sangre
contiene hasta 25.000
glóbulos blancos.

Si pusiéramos todos los vasos sanguíneos de un niño de punta a punta, medirían más de 60,000 millas. Es más del doble de la circunferencia de la Tierra (40.075 kilómetros).

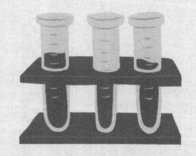

Una de cada 20 personas tiene una costilla extra y la mayoría son hombres.

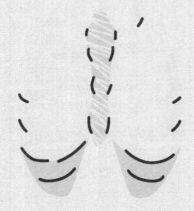

tu corazón late
100 000 veces al día.

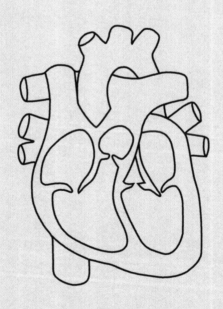

Su hígado puede regenerarse en tres semanas.

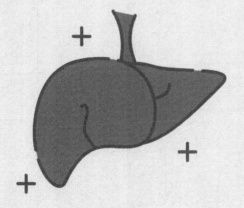

El cuerpo humano está formado por tantas bacterias como células humanas

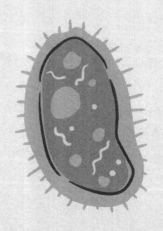

Los humanos son las únicas criaturas que se sonrojan.

HAY APROXIMADAMENTE UN BILLÓN DE ESPECIES DE MICROBIOS EN LA TIERRA.

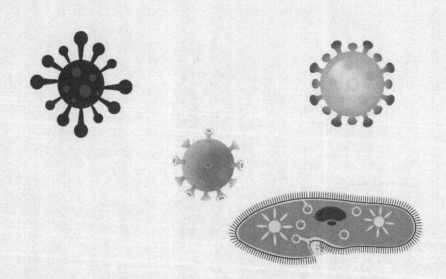

El mundo desperdicia alrededor de mil millones de toneladas de alimentos cada año.

Las cabezas de Isla de Pascua tienen cuerpos.

EL ESMALTE, QUE SE ENCUENTRA EN NUESTROS DIENTES, ES LA SUSTANCIA MÁS DURA DEL CUERPO HUMANO.

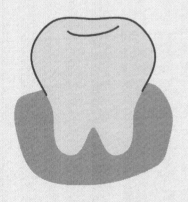

LA PIÑA FUNCIONA COMO UN ABLANDADOR DE CARNE NATURAL.

Las ranas de madera pueden contener su orina hasta por ocho meses.

El punto más caliente del planeta está en Libia.

Pierdes hasta el 30 por ciento de tus papilas gustativas durante un vuelo.

Tus fosas nasales funcionan una por una.

Las "M's" en M & Ms
representan
"Marte" y "Murrie".

Ahora están naciendo más gemelos humanos que nunca.

El algodón de azúcar fue inventado por un dentista.

MASTICAR CHICLE AUMENTA LA CONCENTRACIÓN.

El unicornio es el animal nacional de Escocia.

Las abejas a veces pican a otras abejas.

El peso total de las hormigas en la tierra alguna vez fue igual al peso total de las personas.

EL GUARDAESPALDAS DE ABRAHAM LINCOLN DEJÓ SU PUESTO EN EL TEATRO FORD PARA TOMAR UNA COPA.

El agua produce
diferentes sonidos
de vertido
dependiendo de su
temperatura.

Los humanos son solo una de las 8,7 millones de especies estimadas en la Tierra.

Rolls-Royce fabrica el automóvil más caro del mundo.

La nuez moscada puede ser mortalmente venenosa.

Benin es un país donde es más probable que nazcan gemelos.

ALGUNOS PLANETAS COMO SATURNO Y JÚPITER PRODUCEN LLUVIAS DE DIAMANTES.

Los tiburones pueden vivir durante cinco siglos.

Arabia Saudita
importa camellos
de Australia.

TSUTOMU YAMAGUCHI SOBREVIVIÓ A DOS BOMBAS ATÓMICAS.

Francia tiene unas diez zonas horarias.

Una mujer de 70 años completó una vez siete maratones en siete días, en siete continentes.

Bill Gates donó casi la mitad de su fortuna.

El primer ladrón de bancos estadounidense depositó el dinero en el mismo banco.

Alemania descubre cada año 2.000 toneladas de bombas sin explotar lanzadas por los aliados

La Tierra ha visto la extinción del 99,9% de todas las especies que vivían en ella.

EL GORILA DE ESPALDA PLATEADA PUEDE LEVANTAR CASI UNA TONELADA.

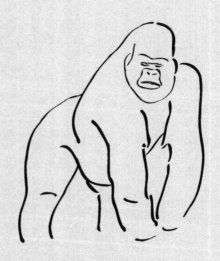

Hay una medusa inmortal.
"Turritopsis dohrnii"

LAS BALLENAS AZULES BEBÉS GANAN 90 KG POR DÍA.

El nombre oficial del pájaro de Twitter es Larry.

El traductor jefe del Parlamento Europeo habla 32 idiomas con fluidez.

el sol ha terminado
3.000.000 de veces el tamaño
de la Tierra, lo que significa que
un millón de Tierras podrían
caber dentro del Sol.

El cabello y las uñas crecen más rápido durante el embarazo.

¡El espacio es absolutamente silencioso porque no hay atmósfera para que viaje el sonido!

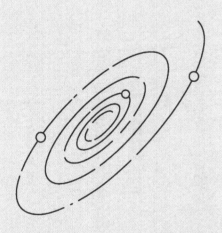

Un elefante adulto debe beber más de 200 litros de agua al día.

Hay más estrellas en
el universo que
granos de arena en
la Tierra.

HAY MAS QUE 391.000 ESPECIES DE PLANTAS CONOCIDAS EN EL MUNDO.

El agua caliente se congela más rápido que el agua fría.

las uñas de las manos
crecen más rápido que
las de los pies

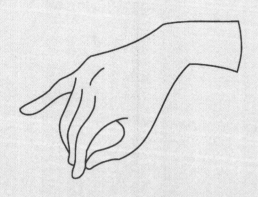

Tienes uñas nuevas cada seis meses.

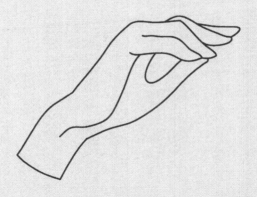

En promedio, sudamos el equivalente a un litro de sudor todos los días.

Algunas personas con hiperhidrosis incluso sudan hasta cuatro litros de sudor por día.

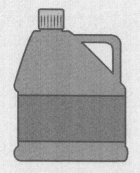

Los fumadores reducen su esperanza de vida en 11 minutos por cigarrillo.

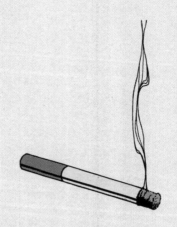

Tus ojos pueden ver hasta 10 millones de colores.

Hay miles de bacterias viviendo en tu ombligo (2368 especies diferentes de bacterias).

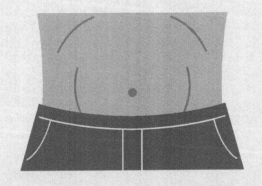

En una vida, pasamos
26 años durmiendo.

Cada persona tiene más de 600 músculos.

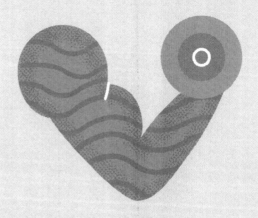

Nuestros músculos representan el 40% de nuestro peso total.

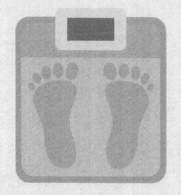

El cocodrilo tiene la mandíbula más poderosa del mundo.

La mandíbula de un cocodrilo ejerce una presión superior a dos toneladas por centímetro cuadrado.

la mandíbula de un ser humano adulto ejerce una presión de unos 59 kg por centímetro cuadrado.

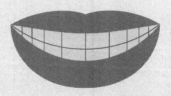

Los pulmones no son solo para respirar, juegan un papel importante en la producción de plaquetas sanguíneas.

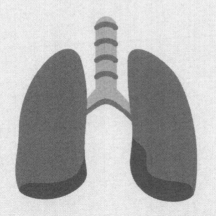

En solo un segundo, el cerebro recibe 11 millones de bits de información. Por otro lado, registra conscientemente sólo 40

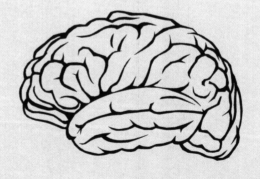

El cerebro de un adulto pesa un promedio de 1,4 kg.

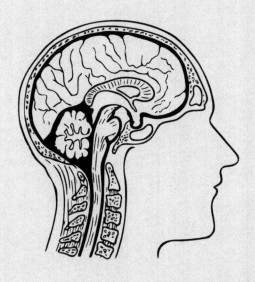

La similitud genética entre un plátano y los humanos se estima en un 60%.

Si comes carne, al final de tu vida habrás consumido el equivalente a 7.000 animales, o 4.500 pescados, 2.400 pollos, 80 pavos, 30 ovejas, 27 cerdos y 11 vacas.

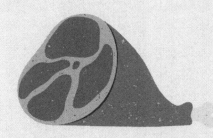

En 2021, la población mundial se estima en 7.800 millones de personas.

Más de 700 especies animales han desaparecido desde el siglo XVI.

El elefante tiene el período de gestación más largo de los mamíferos (95 semanas).

La miel es el único
alimento que nunca se
enmohece.

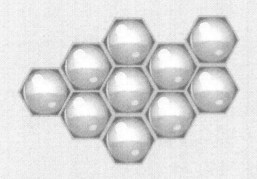

LAS CARACTERÍSTICAS DE LA MIEL, ENTRE LAS QUE SE ENCUENTRAN EL AGUA OXIGENADA, LA ACIDEZ Y LA AUSENCIA DE AGUA, ASEGURAN QUE NUNCA SE ENMOHEZCA.

Se necesitarían 1,1 millones de mosquitos para chupar toda tu sangre.

La Vía Láctea tiene 13.510 millones de años

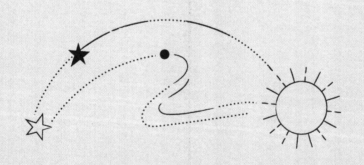

En las primeras seis semanas de vida, no hay diferencia entre el embrión masculino y el femenino.

LAS PIRAMIDES SON ORIGINALMENTE LAS TUMBAS DE LOS REYES Y FARAONES DE EGIPTO.

Para la mayoría de las pirámides, su construcción se remonta al Reino Antiguo (alrededor de 2700 a 2200 aC).

Rusia es el país más grande
de nuestro planeta.

Rusia es más grande que Plutón.

Un escorpión puede
sobrevivir un año
entero sin comer.

La piel es el órgano más grande del cuerpo humano.

Reír 100 veces equivale a 15 minutos de ejercicio en una bicicleta estática.

Hay más bacterias en tu boca que humanos en el mundo.

Cuando tocamos algo,
enviamos mensajes a
nuestro cerebro a 200
km/h.

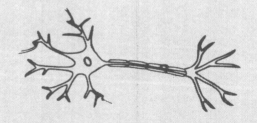

LOS MÉDICOS QUE TRABAJAN EN LAS ESTACIONES ANTÁRTICAS AUSTRALIANAS DEBEN QUITARSE LOS APÉNDICES ANTES DE IRSE.

De los 206 huesos del cuerpo de un adulto humano promedio, 106 se encuentran en las manos y los pies. (54 en manos y 52 en pies).

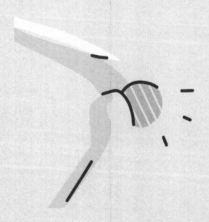

Los humanos tienen 46 cromosomas, los guisantes tienen 14 y los cangrejos de río tienen 200.

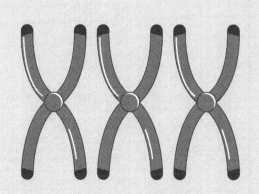

UN FETO NO ADQUIERE HUELLAS DACTILARES HASTA QUE TIENE TRES MESES.

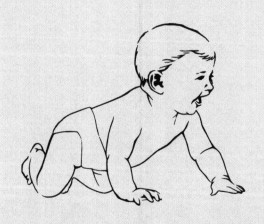